Von Werner Hüper sind außerdem erschienen:

Die junge Frau mit Körbchen C ….
und die ganze Welt in Versen
ISBN: 9783734752872
*

Golf – Terrassengespräche
Berichte vom 19. Loch
ISBN: 9783734761454
*

Falsche Freunde
Kriminalroman
ISBN: 9783738616743
*

Vom Kreißsaal bis zum Alterssitz
Ein Leben in Versen
ISBN: 9783738646801
*

Kiez und Küste
Kriminalroman
ISBN: 9783739246635
*

Heißer Sex und Tiefkühlkost
Kriminalroman
ISBN: 9783744869317

Werner Hüper

Die Welt der Tiere

Humorvolle und besinnliche Verse über Tiere
in der Heimat und in fremden Ländern

Impressum:

Bibliografische Information der Deutschen
Nationalbibliothek:

Die Deutsche Nationalbibliothek verzeichnet diese
Publikation in der Deutschen National-bibliografie;
detaillierte bibliografische Daten sind im Internet
über www.dnb.de abrufbar.

© 2018 Werner Hüper

Herstellung und Verlag: BoD – Books on Demand,
Norderstedt

ISBN: 9783752860818

Inhalt: Seite

Inhalt: Seite

Inhalt: Seite

Inhalt: Seite

***

1.

Aus der heimischen Tierwelt

Die Lerche

Die Lerche hoch am Himmel singt,
den Frühling in die Herzen zwingt.
Die Natur ist jetzt bereit
für die schönste Jahreszeit.

In den Wäldern grüne Blätter,
auch das Wetter wird nun besser.
Viele sitzen jetzt im Garten,
wo sie auf den Sommer warten.

Doch singt die Lerche nicht allein,
andere Vögel stimmen ein.
Schon früh am Morgen singt der Star,
der lange Zeit im Süden war.

Die Luft ist voll von dem Gesang,
der immer schon nach Sommer klang.
Doch das empfinden Menschen nur,
wenn sie Gefühl für die Natur.

***

Ein Vogel

Ein Vogel legt ins Nest ein Ei,
damit das bald der Nachwuchs sei.
Doch gibt es leider auch Getier,
das wartet auf die Mahlzeit hier.
Ein Wiesel klettert auf den Baum.
Aus war es mit dem Nachwuchstraum.

***

Der Wurm

Der Wurm auf eines Baumes Blatte
bislang ein schönes Leben hatte.
So fraß er Löcher in das Blatt,
irgendwann, da war er satt.

Auf dem Blatt hat er gesessen
bis ein Vogel ihn gefressen.
So ist das wohl in der Natur.
Immer geht's ums Fressen nur.

***

Die Zecke

Am meinem Bein sitzt eine Zecke
zu gar nicht angenehmem Zwecke.
Und sie hat sich auch getraut,
sich festzubeißen in der Haut.

Wenn ich sie nicht gleich vernichte,
droht eine längere Geschichte.
Deshalb greif ich 'ne Pinzette,
pack die Zecke, diese fette.

So sieht das Bein viel besser aus,
hoffentlich ist sie ganz raus!
Diese Zecke, diese fiese,
fing ich ein auf einer Wiese.

***

Springpferd und Reiter

Der Reiter sitzt stolz hoch zu Ross
und fühlt sich dabei wie der Boss.
Was das Pferd denkt, wird man sehen:
Schon am Oxer bleibt es stehen.

***

Der Floh

Lässt in Ruhe uns der Floh,
sind wir alle ziemlich froh.
Doch kann man ihn im Circus sehen,
dann bleiben viele Menschen stehen.
Und auf manchem Jahrmarkt schon
war der Floh die Attraktion!

***

Wespe und Biene

Die Wespe gern den Menschen sticht,
der wiederum ist sehr erpicht,
sich vorm Wespenstich zu schützen
durch lange Ärmel und auch Mützen.

Meist sucht die Wespe süße Sachen,
die beim Frühstück Freude machen.
Ein Deckel auf der Marmelade
ist für die Wespe wirklich schade.

Anders ist es bei den Bienen,
die den Menschen meistens dienen.
Über sie gibt's kein Gemecker,
denn der Honig ist sehr lecker.

***

Maikäfer

Es gibt keine Maikäfer mehr,
und wir bedauern das so sehr.
Reinhard Mey hat es besungen,
und sein Lied ist gut gelungen.

Es geht zu Herzen und macht Sinn,
doch wo sind diese Tiere hin?
Viele saßen in den Buchen,
lange mussten wir nicht suchen.

Wir sammelten sie glücklich ein,
erfolgreich wollte jeder sein.
Kaiser, Schornsteinfeger, Müller,
wer fängt wohl den besten Knüller?

Im Schuhkarton mit Lüftungsloch
lebten die Käfer lange noch.
Und irgendwann ließ man sie frei,
dann war der „Maienspaß" vorbei.

***

Die Eule

Eulen gelten als sehr klug,
was ihnen auch den Ruf eintrug,
besonderes Symbol zu sein
für die Weisheit allgemein.

Auch manche Menschen wären wohl
sehr gerne auch ein solch' Symbol.
Das Gegenteil ist oft der Fall,
man kann es sehen überall.

Ein Beispiel gibt die Politik,
die führt in vielen Ländern Krieg.
Von Weisheit sieht man keine Spur,
es geht um Macht und Reichtum nur!

***

Der Bandwurm

Der Bandwurm, der im Menschen lebt,
nach leckerer Ernährung strebt.
Doch leider hat er sich vertan,
wenn dieser Mensch isst nur vegan!

***

Hunde

Will über Tiere man erzählen,
darf der Hund gewiss nicht fehlen.
Es ist der Menschen liebstes Tier
und davon wird berichtet hier.

Die Liebe zu dem Hund geht weit,
und manche Frau ist gar bereit,
den Platz im Bett mit ihm zu teilen.
Dort darf er nächtelang verweilen.

Das heißt auch in so mancher Nacht,
dass es den Partner neidisch macht.
Sie teilt nur mit dem Hund das Glück
und der Partner tritt zurück.

Andererseits gibt es auch Herrchen,
die bilden mit dem Hund ein Pärchen.
Oftmals ist es kaum zu fassen,
wie die beiden sich anpassen.

Kaum jemand hätte wohl gedacht,
was das mit dem Herrchen macht.
Ähnlich wird die Physiognomie,
doch das Herrchen merkt das nie.

***

Die Wühlmaus

Die Wühlmaus, die im Garten wühlte,
kein Mitleid mit dem Gärtner fühlte.
Sie wühlte auch im Blumenbeet.
Der Gärtner sah das viel zu spät.

Die Tulpen waren umgeknickt,
der Gärtner hat's mit Groll erblickt.
Wütend steht er am Gartentor,
nimmt sich der Wühlmaus Ende vor.

Keine Gnade er nun kannte
und zum Geräteschuppen rannte.
Mit Spaten, Falle und Chemie,
gibt es keine Chance für sie.

Doch der Wühlmaus ist schnell klar,
in diesem Garten droht Gefahr.
Deshalb kann man darauf warten,
bis sie wühlt in Nachbars Garten.

***

Der Storch

Sie ist inzwischen legendär,
die Kindern oft erzählte Mär,
dass nur der Storch die Babys bringt.
Doch fragt man sich, wie das gelingt.
Es ist doch allgemein bekannt,
dass Störche hier in diesem Land
nicht das ganze Jahr lang weilen,
vor dem Winter sie enteilen.

Zum Winter hin wird es so kalt,
da endet hier der Aufenthalt.
Der Storch, genannt auch Adebar,
kommt dann im Süden besser klar.
So fliegt er gern nach Afrika.
Und weil im Winter Störche da,
steigt die Geburtenrate an.
Ob man das wirklich glauben kann?

Was in der Zeit bei uns passiert?
Niemand mehr ein Kind gebiert!
Wie bitte kann es Kinder geben,
wenn die Störche nicht hier leben?
Kann man Kindern das erklären?
Muss die Lüge sich bewähren?
Babys werden vom Storch gebracht,
haben wir alle mal gedacht.

Dem Storch wird sehr oft nachgesagt,
dass er die Frauen gar nicht fragt,
und ihnen einfach Babys bringt
sie so zum Mutterglück erst zwingt.

Und wer den Kindern nun erzählt
Ein Storch hätt' sie wohl ausgewählt,
als im Teich sie noch geschwommen,
hat sich sicher übernommen.

Denn irgendwann muss Klarheit her
und die Erklärung wird dann schwer.
Bienen und Blüten sind es dann,
von denen man berichten kann.

***

Regenwürmer

Im Blumenbeet sich oft bewegen
fette Würmer nach dem Regen.
Die Freude ist von kurzer Dauer,
denn Vögel liegen auf der Lauer.

Sie jagen Futter für die Brut,
und diese Würmer schmecken gut.
Der Nachwuchs hat den Schnabel offen
und kann auf fette Beute hoffen.

Ein Wurm, der frech nach oben strebt,
hat es ganz selten überlebt.

***

Der Goldfisch in der Kugelvase

Der Goldfisch in der Kugelvase,
die aus transparentem Glase,
lebt in seiner eignen Welt
solang' das Glas das Wasser hält.

Doch als die Katze unbewacht
die Vase hat kaputt gemacht
und das Wasser schnell entwich,
war's zu Ende mit dem Fisch.

***

Krabben

Im Norden, schon seit alters her,
fischt man Krabben aus dem Meer.
Krabbensuppe, Krabbenplatte
man auf der Speisekarte hatte.

Gepult hat man in Heimarbeit,
so dass sie zum Verkauf bereit.
In Marokko pult man heute,
weil zu teuer eig'ne Leute.

Gefangen hat man immer viel,
großer Umsatz war das Ziel.
Bestände wurden reduziert,
hat das jemand interessiert?

Immer kleiner wird der Fang,
den Fischern wird nun angst und bang.
Es wird für sie besonders schwer,
denn oft sind ihre Netze leer.

Man möchte diese Leckerbissen
in Zukunft gar nicht gerne missen.
Sie werden jetzt zur Rarität,
doch kommt die Einsicht wohl zu spät.

***

Der Kabeljau

Der Kabeljau ist sehr begehrt,
und darum wird er oft verzehrt.
Weil der Mensch sich schlimm gebärdet,
alle Fische sind gefährdet.

Was wird uns wohl erst aufgetischt,
wenn die Meere leergefischt?
Schwimmt Müll und Plastik rum im Meer,
gibt es bald keine Fische mehr.

Sieht der Mensch das nicht schnell ein,
schmeißt weiter Müll ins Meer hinein,
wird die Menschheit untergehen.
Werden wir das je verstehen?

***

Ein Silberfisch

Ein Silberfisch wohnt hinterm Schrank.
Er nervt mich sehr und macht mich krank.
Gerne würd' ich ihn erwischen,
immer ist er mir entwichen.
Lavendelduft soll ihn vertreiben,
doch er beschließt einfach zu bleiben.

***

Das Huhn

Das Huhn legt ab und zu ein Ei.
Um zu verkünden von dem Tun,
fängt es zu gackern an, das Huhn.
Und manchmal nervt dieses Geschrei!

Doch warum fängt es damit an?
Es will nur an diesen Tagen
allen Menschen einfach sagen:
„Seht wie ich Eier legen kann!"

***

Tausendfüßler

Ein Schuster sagte unumwunden,
ein Tausendfüßler jetzt als Kunden,
der würde meinen Laden retten,
doch kann ich sicher darauf wetten:
Da diese Viecher barfuß laufen,
sie leider selten Schuhe kaufen.

***

Zum Kuckuck

Der Kuckuck ist ein schlaues Tier,
das weiß jeder im Revier.
Vom Brüten hält er nicht so viel,
er kommt auch anders an sein Ziel.
Legt Eier in ein fremdes Nest,
andere machen dann den Rest.

So clever dies auch scheinen mag,
irgendwann kommt auch der Tag,
da führt er noch ein zweites Leben,
wenn Gerichtsvollzieher kleben
ihn auf meistens teure Sachen,
um sie so zum Pfand zu machen.

So wie der Kuckuck sich vermehrt,
wird er vom Tierfreund sehr verehrt.
Der Schuldner jedoch voll Verdruss,
schimpft auf den Gerichtsbeschluss:
Zum Kuckuck!

***

Die Mücke

Oft angelockt durch helles Licht,
sie Menschen hin und wieder sticht.
Deshalb mag man Mücken nicht.
Für Vögel ist's ein Leibgericht.

***

Wo wohnt unsere Maus?

In unsrer Hauswand wohnt 'ne Maus,
am Abend kommt sie immer raus.
Nur einen kurzen Augenblick,
dann flitzt sie in den nahen Knick.

Die Suche nach dem Mauseloch
war lang vergeblich, dann jedoch
sie einen leckeren Käse fand,
den wir platzierten vor der Wand.

Der Käse hat ihr wohl geschmeckt.
Wir wissen, wo sie sich versteckt.
So kann man über lecker Fressen
erforschen mancherlei Adressen.

***

Wanzen

Die Wanzen findet man nicht nett,
denn häufig wohnen sie im Bett.
Wenn sie mal woanders wohnen,
helfen sie meist den Spionen.

***

Eichhörnchen

Ein Hörnchen mit Vornamen „Eich"
war an geklauten Nüssen reich.
Damit es sie im Winter fände,
sucht es Verstecke im Gelände.

Doch wie es oft um Menschen steht,
es leider auch dem Hörnchen geht.
Es findet nicht der Nüsse Lage,
das ist menschlich, ohne Frage.

***

Die Made

Gern wär' sie davon geflogen,
sie lebte auf dem Blatt als Made,
und wurde um den Flug betrogen,
weil sie gefressen wurde, schade.

***

Der Wetterfrosch

Vom Wetterfrosch nimmt man wohl an,
dass er das Wetter ahnen kann.
Doch wer sich ganz auf ihn verlässt,
wird auch manches Mal durchnässt.

***

Vögel und Sommerzeit

Die Sommerzeit wird eingestellt,
weil es den Menschen so gefällt.
Die Vögel auf des Nachbarn Baum
kümmert das z.B. kaum.

Sie zwitschern noch zur selben Zeit,
denn sie sind einfach nicht bereit,
der Menschen Unsinn mitzumachen.
Sie sitzen auf dem Baum und lachen.

***

Der Gamsbock

Der Gamsbock auf die Felsen steigt,
dabei er nicht zum Schwindel neigt.
Um den Gamsbock dort zu jagen,
auf den Berg sich Jäger wagen.

Trophäen mit nach Hause bringt
nur, wem die Jagd am Berg gelingt.
Der Gamsbart ziert den Jägerhut,
der Gamsbock findet das nicht gut.

***

Der Jäger auf dem Hochsitz

Der Jäger auf dem Hochsitz lauert,
doch bis er schießen kann, das dauert.
Denn bevor er Wild erblickt
Ist er müde eingenickt.

Als er wieder aufgewacht,
das Wild hat sich halbtot gelacht.
Vergeblich hat er sich versteckt,
und die Blamage ist perfekt.

Dieser Tag bleibt ohne Strecke,
er geht zum Schlachter* um die Ecke.
Kauft sich hier den Sonntagsbraten,
der Schlachter wird ihn nicht verraten.

*In Süddeutschland: Metzger

***

Der Dachs

Im Untergrund in seinem Bau
wohnt der Dachs mit seiner Frau.
Langes Glück ist ihm verwehrt,
denn sein Haar ist sehr begehrt
als Pinsel für der Männer Bart.
So bleibt dem Dachs auch nichts erspart.

***

Schweine

Man sagt zu Menschen häufig Schwein,
wenn sie was tun, was nicht sehr fein.
Das ist ein Grund, mal nachzudenken,
dem Schwein Gerechtigkeit zu schenken.

Als dumm und dreckig gelten sie,
doch das ist reine Infamie.
Der Mensch hat sie erst so gemacht
und sie in Ställe rein gebracht.

Sie würden sicher anders leben,
ließe man sie danach streben.
Doch der Mensch aus reiner Gier
hat null Respekt vor diesem Tier.

Er zieht sie in der Masse groß,
der Tierfreund fragt, was soll das bloß?
Nur artgerechte Haltung wär'
den Schweinen gegenüber fair!

Und dumm sind Schweine auch wohl
                                    nicht,
die Forschung brachte das ans Licht.
Manche Menschen wären froh,
bei ihnen wär' es ebenso.

***

Hungernde Spatzen

Das Futterhäuschen ist nun leer
im Sommer gibt's kein Futter mehr.
Jetzt finden Spatzen selber was,
im Wald, auf Äckern und im Gras.

Doch im Herbst bei schlechtem Wetter,
hoffen sie auf einen Retter.
Man sieht sie auf dem nahen Baum,
enttäuscht aufs Futterhäuschen schaun.

Ein Vogelfreund nimmt sich ein Herz,
nimmt den Besuchern ihren Schmerz.
Wieder wird Futter eingestreut,
was alle Vögel sicher freut.

Schon nach wenigen Minuten,
sich die ersten Spatzen sputen.
Hinein ins kleine Futterhaus,
jetzt leben sie in Saus und Braus.

***

Die Hummel

Die Hummel, die nach Nahrung sucht,
mit Fug und Recht Chemie verflucht.
Überall gibt's Pestizide,
besser wär's, wenn man's vermiede.

Monsanto, Bayer und Konsorten
verbreiten davon viele Sorten.
Sie schädigen nur die Natur,
von Einsicht jedoch keine Spur.

Die Politik lässt leider zu,
dass Lobbyisten-Pack im Nu
die Ministerien besetzt
und mit der Wirtschaft gut vernetzt.

Konzerne wollen mehr Profit,
Politiker, die machen mit.
Dafür lässt man sich bestechen,
die Natur wird sich noch rächen.

Wenn Insekten ausgestorben
und das Gleichgewicht verdorben,
wird die Menschheit vielleicht sehen,
was durch Geldgier ist geschehen.

Das Geld, das auf den Konten ruht,
tut jetzt den Bossen vielleicht gut.
Wenn sie vor Hunger einst verrecken,
werden Scheine dann noch schmecken?

***

Nachbars Katze

Ich finde Katzen an sich nett,
doch die vom Nachbarn ist zu fett.
Wenn sie sitzt auf der Terrasse,
ich sie ganz besonders hasse.

Leider passiert das allzu oft,
weil sie wohl immer darauf hofft,
einen der Vögel zu stibitzen,
die vor dem Futterhäuschen sitzen.

Soll sie doch beim Nachbarn bleiben
und dort diesen Unfug treiben.
Vögel, die bei uns im Garten,
nicht auf Nachbars Katze warten.

***

Brunftzeit

In der Brunftzeit Hirsche röhren
so laut, dass sie manchmal stören.
Vielleicht erfolgt der Liebesdrang
durch Hormone und aus Zwang?
Männer tun es meistens leise,
wenn sie sind auf Liebesreise.

***

Das Seehundbaby

Ein Heuler liegt am Nordseestrand,
er seine Mutter nicht mehr fand.
Die Ebbe brachte ihm kein Glück,
das Wasser ging zu schnell zurück.

Das Seehundbaby braucht die Mutter,
es würde sterben ohne Futter.
Helfer stehen bald bereit,
ihnen tut das Baby leid.

Ab geht es in die Zuchtstation,
andere Heuler warten schon.
Besucher sind dort auch willkommen,
Das Eintrittsgeld wird gern genommen.

***

Der Wolf

Der Wolf, auch Isegrim genannt,
ist unbeliebt im ganzen Land.
Er gehöre nicht hierher,
wüten manche Menschen sehr.

Begründet ist dies Urteil nicht,
denn dabei übertreibt man schlicht.
Was man den Tieren übelnimmt,
ist doch durch ihre Art bestimmt.

Um nicht zu hungern, jagen sie,
manchmal auch das liebe Vieh.
Doch was den Bauern nicht gefällt,
gibt es auf der ganzen Welt.

Überall kann man erleben,
dass wilde Tiere danach streben,
durch die Jagd sich zu ernähren.
Meistens lässt man sie gewähren.

Der Wolf ist zwar kein zahmes Tier,
doch war er früher auch schon hier.
Es ist falsch, ihn zu vertreiben,
besser wär's, er würde bleiben.

***

Die „diebische" Elster

Die Elster ist verwandt mit Raben
und hat ganz besondere Gaben.
Sie ist als diebisch sehr bekannt
und wird auch deshalb so genannt.

Sieht sie irgendetwas blitzen,
will sie dies auch gleich besitzen.
Gold und Silber sind das Ziel,
davon stiehlt sie gerne viel.

Der Schmuck wird immer gut versteckt,
indem sie ihn mit Laub bedeckt.
Und sie merkt sich auch die Stelle,
findet sie auf alle Fälle.

Und vor zweihundert Jahren schon,
schrieb Rossini manchen Ton.
„Diebische Elster" heißt der Hit,
der reißt das Publikum heut' mit.

Ehrung für den klugen Vogel:
Die Besucher waren nobel.
Uraufführung in der Scala!
Eine elegante Gala!

***

Der Marder

Ein Marder sitzt im Motorraum.
Schläuche hat er angefressen,
einen Start kann man vergessen.
So endet Autofahrers Traum.

Heute gibt es keine Reise,
erst ist jetzt die Werkstatt dran,
mal sehen, ob die helfen kann.
Und der Vater flucht ganz leise.

Es sollte doch in Urlaub gehen,
und ausgerechnet heute muss
der Tag beginnen mit Verdruss.
Den Ärger kann man gut verstehen.

Verdorben ist der Urlaubsstart.
Der Marder, dieses miese Stück,
verhindert unser Urlaubsglück.
Und nur der Vater ist in Fahrt.

Das Auto steht so vor sich hin.
Endlich kommt der Abschleppwagen,
das Gepäck bleibt nicht im Wagen.
Heut' ist der Start wohl nicht mehr drin.

Am Ende wird noch alles gut,
Der Urlaub fängt nun später an,
den Marder man vergessen kann.
Und langsam legt sich Vaters Wut.

***

Keiler und Bache

Die Wildsau liegt mit ihrem Gatten
unterm Baum im kühlen Schatten.
Zum Aufbruch treibt es beide bald,
und sie verlassen diesen Wald.

Demnächst die Sonne wird verschwinden,
sie wollen jetzt ihr Futter finden.
Der nahe Golfplatz lockt sie an,
die Würmer man schon riechen kann.

Ein Zaun soll ihre Chancen mindern
und Schäden auf dem Platz verhindern.
Die Sau bleibt mit dem Gatten stehen
und denkt, das wollen wir mal sehen.

Der Keiler grunzt zu seiner Bache,
„Zaun mit Strom? Das ich nicht lache!"
Nicht lange bleiben sie davor,
und laufen dann zum Eingangstor.

***

Spinnen

Spinnen sitzen oft in Ecken
und verbreiten Angst und Schrecken.
Ganz besonders manchen Frauen
bringen sie das nackte Grauen.
Der Ruf der Spinnen ist zwar schlecht,
doch ist dies Image nicht gerecht.

Es ist nun mal Naturgesetz,
dass eine Spinne fängt im Netz
die Opfer, die sie dann verzehrt,
und die der Mensch auch gern entbehrt.
Fliegen, Motten und dergleichen,
würde er sonst kaum erreichen.

Deshalb sollte man sich fragen,
kann man Spinnen nicht ertragen?
Manche Tiere sind noch schlimmer,
wenn man findet sie im Zimmer.
Zu erwähnen sind hier Mücken,
deren Stiche nicht entzücken.

***

Der Hase
– oder die Geschichte vom Osterei

Der Hase steht in dem Verdacht,
dass er die Ostereier macht.
Genau weiß man, dass er sie bringt,
doch davor erst die Hennen zwingt,
Eier zu legen unter Qualen
und diese farbig anzumalen.

***

Nacktschnecken

Nacktschnecken sind nicht sehr beliebt,
wenn es im Garten welche gibt.
Es ist Eigenart der Schnecken,
sich im Grünen zu verstecken.
Nur nach ausgedehntem Regen,
merkt man, dass sie sich bewegen.

Nun ist es so, dass viele Frauen
sich vor diesen Viechern grauen.
Leider können sie nicht warten,
bis die Schnecken aus dem Garten
verschwunden sind bei Sonnenschein
und alles wieder „schneckenrein".

Die Mordlust treibt die Damen an.
Sie gehen mit Methoden ran,
die die sehr verhassten Schnecken
lässt nach kurzer Zeit verrecken.
Die Methoden zu beschreiben…
soweit will ich es nicht treiben!

*

Anders sind die Weinbergschnecken,
die besonders lecker schmecken.
Mit Kräuterbutter, noch im Haus,
sind sie ein wahrer Gaumenschmaus.

Als Besteck die Schneckenzange.
Manchmal dauert es nicht lange,
bis sie aus der Zange flutschen
und im Restaurant rumrutschen.

(Auch zu sehen im Film „Pretty Woman"
mit Julia Roberts)

***

Kühe

Nur selten kann man heut' noch sehen,
dass Kühe auf der Weide stehen.
Viel lieber sperrt man sie in Ställe,
bequemer ist's, auf alle Fälle.

Eingepfercht auf engem Raum
bleibt die Weide nur ein Traum.
Den Kopf am Futtertrog fixiert,
das Tier Bewegungsraum verliert.

Die Milch um jeden Preis muss her,
der Bauer hat es deshalb schwer.
Die Melkmaschine muss es richten,
da muss aufs Tierwohl man verzichten.

Kuh will deshalb niemand sein.
Dann vielleicht doch lieber Schwein?
Ein Schwein wird jedoch auch gequält,
weil man es in der Masse hält.

***

Der Fuchs

Vom Fuchs weiß man wohl überall,
er ist gefährlich für den Stall.
Gelingt es ihm, mal einzudringen,
die Viecher um ihr Leben ringen.

Immer geht's ums Federvieh,
wählerisch ist der Fuchs nie.
Schon im Märchen steht geschrieben,
was er mit der Gans getrieben.

Kommt er an die Gans nicht ran,
er auch Hühner fressen kann.
Obwohl der Fuchs ein nettes Tier,
der Bauer sagt: „Was will der hier!"

Dieser Fuchs ist eine Plage,
es ist sicher keine Frage,
er wird in meine Falle gehen.
Das werden wir doch einmal sehen!

Doch der Fuchs ist äußerst schlau,
denn er bleibt in seinem Bau.

***

Der Biber

Der Biber baut in der Natur,
lässt manche Menschen staunen nur.
Mit Fleiß und großem Sachverstand
baut der Biber allerhand.
Flüsse werden umgeleitet
und die Höhle ausgeweitet.

Auch Bäume werden umgelegt,
kaum etwas wird da nicht bewegt.
Das alles in sehr kurzer Zeit,
der Biber ist allzeit bereit.
Das Ziel er stets vor Augen hält,
für ihn nur das Ergebnis zählt.

Der Mensch, der etwas bauen will,
sitzt zunächst sehr lange still,
betrachtet Pläne und Ideen,
wartet ab, man wird schon sehen.
Irgendwann will er beginnen,
die Kosten steigen wie von Sinnen.

Die Ideen, die einst entstanden,
bürokratisch oft versanden.
Beim Biber könnte man was lernen:
Beamte müsste man entfernen!

***

Stier und Bauer

Ein Stier, der Langeweile hatte,
betätigte sich mal als Gatte,
so dass die ausgewählte Kuh
als Folge trächtig war im Nu.

Darauf fiel dem Bauern ein,
Nachwuchs jetzt, das wäre fein.
Und bereits nach kurzer Zeit,
war auch seine Frau so weit.

***

2.

Aus fernen Ländern

Das Rentier

Der Same spannt sein Rentier an,
damit er uns beglücken kann.
Gerade in der Weihnachtszeit
steht das Gespann für uns bereit.

Weil sie viele Wünsche haben,
warten Kinder auf die Gaben.
Es wird nicht jeder Wunsch erfüllt,
deshalb so manches Kind laut brüllt.

So ist das im normalen Leben,
Enttäuschungen wird's immer geben.
Doch vielleicht im nächsten Jahr
werden alle Wünschen wahr.

***

Der Eisbär

Der Eisbär sehr zu schätzen weiß,
die dicke Scholle, die aus Eis.
Auf diesem Eis gefällt's ihm sehr,
zufrieden schwimmt er so im Meer.

Doch das Idyll hat nicht Bestand.
Inzwischen liegt es auf der Hand:
Er überlebt das sicher nicht,
wenn immer mehr vom Eis wegbricht.

Bedroht ist dieser Lebensraum,
und Hoffnung gibt es dafür kaum.
Langsam wird das Eis verschwinden,
wie wird das der Bär wohl finden?

Menschen, die das nicht begreifen,
auf den Klimawandel pfeifen,
immer nach Profit nur streben,
weiter südlich sicher leben.

***

Elche

Nur in nördlichen Regionen
Elche in den Wäldern wohnen.
Sie waren hier in aller Munde,
als sich verbreitete die Kunde
vom Test, den man im Norden machte
und über den man weltweit lachte.

Als Elchtest wurde er bekannt,
aus Spott hat man ihn so genannt.
Autos fielen leider um,
was für Daimler ziemlich dumm.
Ein Elch steht besser auf den Beinen,
als Daimlers Autobauer meinen.

***

Tiere in Afrika

Eine Pirschfahrt zu den Tieren
wird wohl jeden faszinieren.
Tiere in Freiheit zu erblicken,
wird den Tierfreund sehr entzücken.

Wenn sie Erfolg beim Jagen hatten,
suchen Löwen Platz im Schatten.
Sie liegen müde nach dem Fraß
getarnt im Elefantengras.

Geparden jagen auch am Tag,
was die Gazelle gar nicht mag.
Kommt ein Gepard ihr doch zu nah,
weil sie ihn diesmal übersah,
hilft ihr nur noch eine List,
weil die Katze schneller ist.

Früh geht hier die Sonne unter,
und alle Tiere werden munter.
Die gesamte Raubtiermeute
sucht die ganze Nacht nach Beute.

***

Der Nebeltrinkkäfer

Die Wüste Namib ist sehr heiß,
so manches Tier das auch gut weiß.
Das Überleben ist 'ne Kunst,
doch manchmal hilft der Morgendunst.

Nebeltrinkkäfer heißt das Tier,
von dem ist diese Rede hier.
Am Morgen steht er schon bereit,
das nahe Meer bringt Feuchtigkeit.

Am Körper bildet sich jetzt Tau,
der Käfer zeigt sich äußert schlau.
Im Kopfstand wartet er nun ab.
Die Feuchtigkeit fließt bald herab.

Ein Tropfen, der herunterrinnt,
erfrischt ihn und der Tag beginnt.

***

Nashörner

Ein Nashorn trägt ziemlich weit vorn
ein mancherorts begehrtes Horn.
Oft hat man davon gelesen,
dass besonders die Chinesen
Pulver von dem Horn verwenden,
um zu stärken ihre Lenden.

Das Pulver hebt die Manneskraft,
wenn der Kerl es so nicht schafft.
Nur weil man diesen Unfug glaubt,
wird rücksichtslos das Horn geraubt.
Die Wilderer sind hemmungslos
und gehen auf die Tiere los.

Nur wegen ungehemmter Gier
wird umgebracht so manches Tier.
Die Schlächter sind so primitiv,
weil das Geschäft sehr lukrativ.

Die Moral von der Geschichte:

Würden sie Viagra nehmen,
könnten Tiere länger leben.

***

Das Krokodil

Am Ufer liegt ein Krokodil,
es sonnt sich dort und hat kein Ziel.
Lange hat es nicht gefressen.

Sehr schläfrig scheint es, wie in Trance,
doch es erhofft sich eine Chance.
Hunger kann es nicht vergessen.

Zebras kommen, um zu saufen,
besser wär' es, wegzulaufen.
Von kurzer Dauer ist der Spaß.

Denn das Untier ohne Gnade
packt ein Zebra an der Wade.
Das Zebra endet jetzt als Fraß.

***

Der Löwe

Löwen gern im Rudel jagen,
weil sie lieber nicht viel wagen.
Doch manchmal jagen sie allein,
das kann für sie dann tödlich ein.

Erstmal sind hier zu erwähnen
Büffelherden und Hyänen.
Jeder starke Büffel wehrt sich,
Büffelhörner sind gefährlich.

Doch war der Löwe 'mal im Glück
und hat erlegt ein gutes Stück,
dann wollen die Hyänen auch
einen Anteil für den Bauch.

Sie kichern deshalb laut und schrill.
Er weiß jetzt, was das Rudel will
und verzichtet auf die Beute,
akzeptiert die Macht der Meute.

Denn eines ist für ihn gewiss:
Hyänen haben ein Gebiss,
um das man einen Bogen macht,
will überleben man die Nacht.

Dem armen Löwen wird nun klar,
dass diese Jagd vergeblich war.

***

Flusspferde

Flusspferde sind nicht gern an Land,
sie fürchten nämlich Sonnenbrand.
Sie tauchen in das Wasser rein,
vermeiden so den Sonnenschein.

Erst wenn die Sonne tiefer steht,
man gern auf Futtersuche geht.
Sollte dabei jemand stören,
kann man sich schon sehr empören.

Flusspferde sind oft aggressiv,
dazu ihr Körperbau massiv.
Man ihre Schnelligkeit bestaunt,
besonders wenn sie schlecht gelaunt.

Will man auf Safari gehen,
muss man alles das verstehen.
Trotzdem sollte man sich trauen,
sie in Freiheit anzuschauen.

***

Elefanten

Ein Elefant hat große Ohren,
wenn er in Afrika geboren.
Anders ist es mit Kollegen,
die sich in Fernost bewegen,
die man als Arbeitstier dressiert,
was Afrikanern kaum passiert.

Bei denen wird es kaum gelingen,
denn selten lassen sie sich zwingen.
Sie ziehen durch das Land in Herden
und können sehr gefährlich werden.
Sie können mit den Füßen hören
und lassen sich nur ungern stören.

Der Familiensinn ist ausgeprägt.
In der Herde man sich gut verträgt.
Ihren Nachwuchs schützen sie
und verlassen diesen nie.
Sie haben auch ein großes Herz,
was deutlich wird im tiefsten Schmerz.

Um die Toten wird getrauert,
was oft viele Tage dauert.
So wie die Elefanten leben,
nach sozialer Bindung streben,
könnten sie als Vorbild gelten.
Leider sind sie es zu selten.

Man möchte manchen Menschen sagen,
sie sollten es doch einmal wagen.

**

Wüstenelefanten

Sehr eindrucksvoll und imposant
ist auch der Wüstenelefant.
Vor Jahren man ihn häufig sah
im Norden von Namibia.

Die Tiere lebten ungestört,
doch wie man immer wieder hört,
sind sie jetzt leider stark bedroht,
weil der Mensch ziemlich verroht.

Es nimmt die Jagdlust überhand
besonders auch in diesem Land.
Denn es gibt Leute auf der Welt,
die haben einfach zu viel Geld.
Aus unbegrenztem Überfluss
bezahlen sie den teuren Schuss.

Wenn sie diese Tiere jagen,
stellen sie doch keine Fragen
nach dem Sinn und der Moral,
sie nehmen hin der Tiere Qual.

Mit Trophäen sie posieren,
ohne Mitleid mit den Tieren.
Auch sah man dabei leider schon
Donald Trumps missratenen Sohn.

***

Die Wüsteneidechse in der Namib

Der Wüstenboden fast erglüht.
Die meisten Tiere sind bemüht,
mit äußerst pfiffigen Ideen,
der Hitze aus dem Weg zu gehen.

Wenn es der Echse wird zu heiß,
sie sich sofort zu helfen weiß.
Sie hebt im Wechsel Beine an,
dann kommt die Hitze nicht mehr dran.

Rasend schnell geht's hin und her,
doch eigentlich ist es nicht schwer.
Es sieht fast wie Gymnastik aus.
Man kennt das ja wohl von zu Haus.

Der Sand bleibt so dem Körper fern,
sie mag es nämlich gar nicht gern,
wenn sie sich ihre Haut verbrennt,
was man als Sonnenbrand auch kennt.

***

Die schwarze Mamba

Furchterregend und gefährlich,
deshalb eigentlich entbehrlich.
Doch auch dieses Tier will leben
und nach seiner Freiheit streben.
Nur wenn sie nicht mehr fliehen kann,
greift diese Schlange Menschen an.

Nach einem Biss bleibt wenig Zeit,
doch wenn der Arzt steht schon bereit
und kann schnell das Serum spritzen,
könnte es vielleicht noch nützen.

Dann kann man die Zukunft planen,
andernfalls ist zu erahnen:
Die schwarze Mamba überlebt
während man selbst ins Jenseits schwebt.

***

Erdmännchen

Greifvogel, Schlange und Schakal,
lieben ein besonderes Mahl.
Erdmännchen schmecken ihnen gut,
doch die besitzen sehr viel Mut.

Gegen Feinde sich zu wehren
und sich reichlich zu vermehren,
damit man glücklich leben kann,
denn darauf kommt es letztlich an.

Sie immer in Gesellschaft leben,
größte Sicherheit anstreben.
Die Befehle gibt ein Pärchen
und der Rest folgt - wie im Märchen.

Wer Wache schiebt, muss aufrecht stehen,
so kann er Feinde besser sehen.
Und er wird stündlich abgelöst,
damit er ja nicht etwa döst.

Während der Nachwuchs tobt und spielt,
sorgen die Alten ganz gezielt
für des Nachwuchs' Wohlergehen.
Wo kann man sowas sonst noch sehen?

Bei den Menschen eher selten,
unterschiedlich sind die Welten.
Der Mensch ist manchmal etwas stur,
er sucht den eignen Vorteil nur.

***

Pelikane

Pelikane kennt doch jeder:
Schreibgeräte, die mit Feder
die Tinte aufs Papier gebracht,
was nicht immer Spaß gemacht.

Das Internet war nicht bekannt,
man schrieb sich noch im ganzen Land
auf Papier und Ansichtskarten,
die Empfänger mussten warten.

*

Den Pelikan gibt's auch als Tier,
doch weniger im Lande hier.
Man findet ihn nur noch im Zoo,
in Freiheit lebt er anderswo.

In Tansania kann man sehen,
wie Tausende am Wasser stehen.
Die nächste Mahlzeit ist das Ziel,
denn Fische gibt es hier sehr viel.

Gemeinsam schwärmen sie dann aus
und machen Fischen den Garaus.
In ihrem Hautsack findet sich
nach dieser Jagd so mancher Fisch.

***

Pinguine

Wer im Kreis erlauchter Gäste
besucht öfter schöne Feste,
hat sich auch schon überlegt,
was man zu solchem Anlass trägt.

Legerer Anzug oder Frack,
und bei den Schuhen schwarzer Lack?
Pinguine da nicht leiden,
denn sie sind sehr zu beneiden.

Immer im Frack erscheinen sie,
ein falsches Outfit gibt es nie.
Niemals müssen sie sich fragen:
„Was soll ich denn heute tragen?"

***

Paviane

Warum nur hat der Pavian
den Menschen es so angetan?
Vorm Affenkäfig sind im Zoo
die Menschen ganz besonders froh.

Sie bewundern diese Affen,
wie sie aus dem Käfig gaffen.
Von außen schau'n die Menschen rein,
wo soll der Unterschied hier sein?

Es imponiert der rote Po.
Doch Ärsche gibt's auch anderswo.
In den Zoo muss man nicht gehen,
überall kann man sie sehen.

***

Kamele

Als Wüstenschiff sind sie bekannt.
Sie leben meist in Wüsten
und seltener an Küsten.
Sehr gut zu Fuß sind sie im Sand.

Als Arbeitstier sind sie beliebt.
Besonders bei Nomaden
müssen sie schwer tragen.
Man ihnen selten Wasser gibt.

Kamele sehr genügsam sind.
Auch ein Sandsturm lässt sie kalt,
deshalb machen sie nicht halt.
Die Nüstern schließen sie im Wind.

Manch Mensch wird auch Kamel genannt,
wenn er sich mal falsch verhält.
Der Vergleich ist schlecht gewählt,
weil das Kamel wird hier verkannt.

***

Geier

Geier über Opfern schweben
und nach einer Mahlzeit streben.
Die Szene immer scharf im Blick,
warten sie auf den Augenblick.

Gibt es kein Lebenszeichen mehr,
fallen sie übers Opfer her.
Fleisch wird jetzt herausgerissen,
es wird gekämpft um jeden Bissen.

Auch wenn das sehr makaber klingt,
es für die Umwelt etwas bringt.
Die Geier spielen Müllabfuhr
und reinigen so die Natur.

***

Esel und Zebra

Wenn Zebra sich und Esel paaren
und sich vorher einig waren,
kommt später ein Geschöpf zur Welt,
das niemand wohl für möglich hält.
Es ist nicht Zebra und nicht Esel,
man nennt es deshalb einfach Zesel.

Vom Esel kommt der Körperbau,
hierbei stimmt alles ganz genau.
Das Zebra kommt dann weiter unten
mit Ringelstrümpfen, ziemlich bunten.
So sind die Launen der Natur,
die meisten Menschen staunen nur.

***

Das Warzenschwein

Als hässlich gilt das Warzenschwein,
doch dieses Urteil ist gemein.
Ein Tierfreund sieht das längst nicht so,
er ist beim Anblick eher froh.

Die Mutter läuft vorm Nachwuchs her,
und ihr zu folgen ist nicht schwer.
Ihren Schwanz streckt sie nach oben,
dafür ist sie sehr zu loben.

Durch den langen Schwanz der Alten
bleibt so der Kontakt erhalten.
Hässlich ist das wohl mitnichten,
sie erfüllt nur Mutterpflichten.

***

Springböcke

Einen Springbock zu erblicken,
wird den Tierfreund sehr entzücken.
Weil elegant und wunderschön
sind diese Tiere anzusehn.

Doch im Zoo, in den Gehegen,
können sie sich kaum bewegen.
Sie in Freiheit zu erleben,
muss nach Afrika man streben.

Man erkennt sie dort ganz schnell
an den Streifen auf dem Fell.
Und eine eindrucksvolle Zier:
Die braunen Augen bei dem Tier.

In großen Herden trifft man sie,
im Süden Afrikas, sonst nie!
Für Katzen sind sie Leckerbissen,
doch sie sich meist zu retten wissen.

Bewundernswert, wie die Gazellen
sich flüchtig in die Höhe schnellen.
Auch dieses Schauspiel der Natur
sieht man wohl in Freiheit nur.

***

Der Vogel Strauß

Vom Strauß soll hier die Rede sein,
er gilt als Vogel, nur zum Schein.
Denn fliegen kann er leider nicht,
zu groß ist dafür sein Gewicht.

Weil man gern Straußenfleisch verzehrt,
ist das Tier vielerorts begehrt.
Damen ziert die Straußenfeder
und die Tasche, die aus Leder.

Auch sehr beliebt das Straußenei,
das richtig gut für zweierlei:
Das Rührei sättigt viele Esser,
die Schale wirkt als Deko besser!

***

Das Faultier

Das Faultier, das im Baume hängt,
sich nie zu einer Arbeit drängt.
Es bleibt lieber im Baum oben,
dieses Tier ist sehr zu loben!

Mancher wird es wohl beneiden,
doch der Mensch kann es nicht leiden,
wenn jemand überhaupt nichts tut.
Dazu gehört 'ne Menge Mut.

Und auch natürlich genug Geld,
denn das regiert der Menschen Welt.
Das Faultier ist da besser dran,
weil es im Baum rumhängen kann.

***

Grizzlybären

Der Wilde Westen war bekannt
früher als Indianerland.
Was bei den Bewohnern üblich,
war für Grizzlys sehr betrüblich.

Um Mann zu werden, war vonnöten,
ein solches Exemplar zu töten.
Dazu brauchte man viel Mut,
denn es ging nicht immer gut.

***

Quallen

In den Meeren schwimmen Quallen,
die gefallen längst nicht allen.
Ist ihr Vorname gar „Feuer",
sind sie meistens nicht geheuer.
Manchmal stören sie die Schwimmer,
Gott sei Dank gilt das nicht immer.

In Restaurants in fremden Landen
wir sie auf der Karte fanden.
Doch die Bestellung sich kaum lohnt,
denn ihr Geschmack ist ungewohnt.
Es ist beileibe kein Gericht,
auf das man sonderlich erpicht.

Ganz anders ist es in Fernost,
denn dort sind Quallen edle Kost.
Fein geschnitten und in Streifen
kann man sie mit Stäbchen greifen.
Doch war es leider kein Genuss,
den man bald wieder haben muss.

***

Der Hai

In den Meeren dieser Welt
es vielerorts dem Hai gefällt.
Auch sieht man ihn an manchen Tagen
an schönen Badeständen jagen.

Lecker Touristen sind die Ziele,
zur Auswahl gibt es dort sehr viele.
Wenn erlegt die erste Beute,
sieht man kaum noch Badeleute.

Doch es dauert nicht sehr lange,
bis die Menschen nicht mehr bange.
Und mit neuem Todesmut
stürzen sie sich in die Flut.

Darauf wartet nur der Hai,
denn die Jagd ist wieder frei.

***

Das Känguru

Das Känguru trägt mit sich rum
einen Beutel. Gar nicht dumm!
Denn da kommen Kinder 'rein,
die sind deshalb nicht allein.

Manche Mutter wäre froh,
bei ihr wär' das ebenso.
Will sie nicht das Baby tragen,
braucht sie einen Kinderwagen.

***

Der Wal

Der Wal, das größte Säugetier,
sollte auch nicht fehlen hier.
Wer ihn in Freiheit hat gesehen,
der kann sicher nicht verstehen,
dass man viele Wale fängt
und die Folgen nicht bedenkt.

Man jagt ihn massenhaft zu Tode,
in Japan ist das große Mode.
Dem Wal geht's wie so manchem Tier,
auch er wird Opfer reiner Gier.
Forciert man seinen Untergang,
läuft auch der Menschen Abgesang.

***